TRISTAN ET YSEULT

POÈME ET MUSIQUE

DE

RICHARD WAGNER

VERSION FRANÇAISE

DE

VICTOR WILDER

LEIPZIG ET BRUXELLES
BREITKOPF & HÄRTEL, ÉDITEURS
PARIS, V. DURDILLY & Cie.
1886.

PERSONNAGES.

TRISTAN	Ténor
YSEULT	Soprano
MARKE	Basse
BRANGAINE	Soprano
KOURWENAL	Basse
MÉLOT	Ténor
UN MATELOT	Ténor
UN BERGER	Ténor
UN PILOTE	Basse

Matelots. Chevaliers. Écuyers. Hommes d'armes.

Au 1er Acte. En mer, sur le pont d'un navire pendant la traversée d'Irlande en Cornouaille.

Au 2e Acte. Au château royal de Marke, en Cornouaille.

Au 3e Acte. Le manoir de Tristan à Caréol, en Bretagne.

ACTE PREMIER.

Sur la proue d'un navire, une tente close au fond et formée de riches tapisseries. Au dernier plan, sur l'un des côtés, un escalier étroit descend dans l'intérieur du vaisseau. Yseult est couchée sur un lit de repos, le visage caché dans les coussins. Brangaine soulevant un coin de la tente, regarde par-dessus bord.

SCÈNE PREMIÈRE.

YSEULT et BRANGAINE, Un jeune MATELOT
invisible et dont la voix semble venir du haut du mât.

LE MATELOT.

Vers l'ouest,
L'œil tourne et vire;
Vers l'est,
Fuit mon navire;
Adieu, la belle, et pour toujours!
Ainsi finissent nos amours!
Sous tes soupirs, la voile
Fait palpiter sa toile.
Chante, souffle, ô zéphyr!
Pleure, souffre à mourir,
Fille d'Irlande, au cœur cruel et doux!

YSEULT,
se soulevant et lançant autour d'elle un regard plein de trouble.

Qui me fait cette injure? —
Brangaine es-tu là? — Dis, où sommes-nous?

BRANGAINE,
à l'ouverture de la tente.

Au couchant, l'horizon s'élargit et s'azure;
Leste et léger, il s'envole sur l'eau,
    Le rapide vaisseau;
Avant la fin du jour, nous serons au rivage . . .

YSEULT,
avec une profonde angoisse.

Où donc?

BRANGAINE.

En Cornouaille, où Marke est roi!

YSEULT.

Non, jamais! plutôt le naufrage!

BRANGAINE,
laisse tomber le pan de la tente et court toute émue vers Yseult.

Qu'entends-je?.. Qu'est-ce?.. Quoi?

YSEULT,
s'apostrophant avec une fureur sauvage.

O faible cœur! ô fille abâtardie! —
Où donc, ma mère, où donc est ton pouvoir
De déchaîner la tempête en furie?
Le mien se borne, — ô frivole savoir! —
A composer des philtres et des charmes.
Révèle-moi, magie : art souverain!
Révèle-moi ta force et prête-moi tes armes!
  Viens! vent du Nord, la terreur du marin,
Viens sonner dans les airs tes fanfares sauvages!

Fais jaillir l'ouragan du combat des nuages ;
Fais bouillonner les vagues de la mer !
Creuse le gouffre aux lueurs de l'éclair,
Ouvre l'abîme et montre-lui sa proie,
Fracasse enfin ce navire orgueilleux,
Sous le choc des flots furieux ;
Et pour salaire, ô vent ! je te donne, avec joie,
Le souffle de tous ceux qui sont à bord !

BRANGAINE,
vivement émue et s'empressant auprès d'Yseult.

Yseult ! — non ! — non ! n'évoque pas la mort !
O parle, — parle ! — fille chère !
De ton secret fais-moi l'aveu ! —
Pas une larme, hélas ! pour ton père et ta mère !
En les quittant, à peine un mot d'adieu !
Depuis ce jour... muette, pâle et sombre...
Sans sommeil... sans repos,
Tu vas errante, comme une ombre,
L'œil hagard, fixé sur les flots !
Ah ! quel chagrin, pour moi qui t'aime,
De voir ton pauvre cœur s'enfermer en lui-même ! —
O viens, ma fille,.. explique toi ;
D'où vient ton trouble, dis le moi !
Viens, ô ma reine !
Conte ta peine
A qui sait y compâtir ;
Ne désole plus ta Brangaine !

YSEULT.

De l'air ! de l'air ! je me sens défaillir !
Ouvre au large... je vais mourir !
Brangaine écarte vivement les tentures du fond.

SCÈNE DEUXIÈME.

Les Mêmes, TRISTAN et KOURWENAL au fond; Matelots et Chevaliers.

Au moment où Brangaine écarte les tentures, le regard du spectateur embrasse le navire dans toute sa longueur, jusqu'au gouvernail. Au-delà les flots de la mer, bornés par l'horizon. — Des matelots sont couchés sur le pont autour du grand mât, ils travaillent à des cordages. Plus loin, à la poupe, des chevaliers et des écuyers; ils sont également étendus sur le pont. — A quelque distance d'eux, Tristan debout et les bras croisés, plonge son regard pensif dans les vagues. A ses pieds Kourwenal étendu négligemment. On entend de nouveau du haut du mât la voix du jeune matelot.

LE MATELOT.

Adieu! la belle, et pour toujours!
Ainsi finissent nos amours!
 Sous tes soupirs, la voile
 Fait palpiter sa toile!
 Chante, souffle, ô zéphyr!
 Pleure, souffre à mourir . . . . .

YSEULT,
son regard est allé droit à Tristan et reste fixement attaché sur lui.

 Cœur élu! —
 Cœur perdu! —
Ame fière! — âme lâche! —
Front marqué par le sort, —
Tête où plane la mort! —
  à Brangaine.
Que dis-tu de ce serf?

BRANGAINE,
suivant la direction de son regard.

 Quel serf?

YSEULT.

    Vois! — il se cache!

Son œil fuyant et soucieux
S'efforce d'éviter mes yeux ! —
Qu'en penses-tu, dis-moi ?

BRANGAINE.

Qui veux-tu dire ? —
Tristan ? le preux que l'on admire ;
La fleur des paladins ?
La gloire de l'empire ;
L'égal des Souverains ?

YSEULT,
la raillant

Le traître qui se vante,
Esclave de sa foi,
De livrer la vierge mourante
A son Seigneur et roi ! —
T'embrouilles-tu, dans mon poëme ?
Cet homme franc peut, mieux que moi,
Te l'expliquer lui même. —
Il sait qu'à son respect j'ai droit ;
Il sait qu'il manque aux égards qu'il me doit ;
S'il hésite à me rendre hommage
Et s'il a peur de mon visage,
C'est qu'il sait bien pourquoi ! —
Va trouver l'orgueilleux, porte-lui mon message ;
Qu'il se jette à mes pieds, et subisse ma loi !

BRANGAINE.

Lui dirai-je qu'on le réclame ?

YSEULT.

Va dire au serf : qu'il est à moi,
Et qu'il me craigne, moi, sa dame !

Sur un geste souverain d'Yseult, Brangaine s'éloigne. Baissant la tête, elle passe près du groupe des matelots et traverse le pont, en se dirigeant vers le gouvernail. Yseult la suit d'un regard fixe, en reculant vers son lit de repos. Elle y reste assise pendant la conversation qui suit, le regard toujours fixé sur la poupe du navire. Kourwenal voit arriver Brangaine. Sans se lever, il tire Tristan par un pan de son vêtement.

KOURWENAL·

Prends garde, maître, Yseult en veut à toi.

TRISTAN,

tressaille, mais se remet promptement pour recevoir Brangaine, qui s'incline devant lui.

Yseult? — à moi? — C'est vous, Brangaine !
Que désire ma souveraine? —
Remplir ses vœux est mon premier devoir.

BRANGAINE.

Le mien, messire ! ici m'amène,
Car ma maîtresse veut vous voir.

TRISTAN.

C'est un ennui cruel qu'un long voyage ;
Mais nous touchons au port ; — Prenez courage !
Et que ma reine noble et sage
M'excuse, en sa bonté !

BRANGAINE.

Auprès d'Yseult il faut vous rendre,
Telle est sa volonté !

TRISTAN.

Nous approchons du havre, où Marke doit l'attendre ;
Nous y serons avant ce soir !
Pour la mener au prince, alors j'irai la prendre,
C'est mon office et mon devoir !

BRANGAINE.

Allons, de grâce, plus de leurre !
Je parle clairement : on veut vous voir,
Messire ! et vous parler sur l'heure.

TRISTAN.

Toujours soumis à son désir,
Tristan met son honneur, sa gloire à la servir.
Mais si j'osais quitter mon poste,
Qui guiderait la nef au port où l'on m'attend ?

BRANGAINE.

Vous êtes plein de ruse et prompt à la riposte
Vous m'éludez adroitement.
Mais voici ce qu'a dit la noble et fière femme !
»Va dire au serf : qu'il est à moi,
Et qu'il me craigne, moi, sa dame !«

KOURWENAL,
d'un bond se dressant debout.

Répondrai-je pour toi ?

TRISTAN,
avec calme.

Et que veux-tu que l'on réponde ?

KOURWENAL,
à Brangaine.

Ouvre l'oreille, écoute, moi : —
Le preux Tristan, l'orgueil du monde,
N'est pas un vil vassal.
Héros sans pair et sans rival,
Il sort du sang royal ;
Or donc, des rois il est l'égal !

Il faut qu'Yseult le sache,
Tant pis, si ça la fâche !

Tandis que Tristan, par des signes, s'efforce d'imposer silence, à Kourwenal, Brangaine, offensée, se retire. Kourwenal la poursuit, en chantant à pleine voix.

Morold s'en va, bravant les flots,
Lever tribut en Angleterre. —
Une île flotte au sein des eaux,
C'est là qu'il gît en terre !
Sa tête, on en a fait présent
A celle qui pleurait l'absent !
Gloire ! au héros Tristan,
Le vainqueur du forban !

Kourwenal, morigéné par Tristan, descend dans l'intérieur du navire. Brangaine, toute confuse, est retournée vers Yseult. Elle ferme, derrière elle, les tentures, tandis que l'équipage reprend le refrain de la chanson de Kourwenal.

LES MATELOTS.

Sa tête, on en a fait présent
A celle qui pleurait l'absent !
Gloire ! au héros Tristan,
Le vainqueur du forban !

SCÈNE TROISIÈME.

YSEULT et BRANGAINE, seules dans la tente, dont les tapisseries cachent de nouveau l'arrière du navire. Yseult se lève avec des gestes de colère et de désespoir. Brangaine se jette à ses pieds.

BRANGAINE.

Oh ! l'indigne, l'infâme outrage !

YSEULT,

prête à donner l'essor à la violence de sa colère, se remet par un effort soudain de sa volonté.

Eh bien? — Tristan? — Je veux connaître son langage.

BRANGAINE.

N'insiste pas!

YSEULT.

Parle! et n'hésite plus!

BRANGAINE.

Je ne rapporte qu'un refus!

YSEULT.

As-tu parlé sans feinte?

BRANGAINE.

Sans équivoque et sans contrainte. —
»Toujours soumis à ton désir,
Tristan mettra, — dit-il, — sa gloire à te servir.
Mais s'il osait quitter son poste,
Qui guiderait sa nef au port où l'on t'attend?«

YSEULT,

répétant ses paroles avec une amertume profonde.

»Qui guiderait sa nef au port où l'on m'attend?«
Le vassal orgueilleux, le vainqueur insolent;
Voilà comme il riposte!

BRANGAINE.

Je lui transmis, alors, ton ordre souverain,
Quand Kourwenal se mit soudain...

YSEULT,
l'interrompant.

Oui, sous son insolence,
J'ai vu rougir ton front;
Mais tu ressentiras bien mieux l'offense,
Quand tu sauras qui me vaut cet affront! —
　Ils chantent, en riant, ma honte,
Je vais répondre en te contant... un conte! —
Dans un canot, échoué près du port,
　Je recueillis jadis un homme,
　Pâle et blême comme un fantôme,
Marqué déjà par le doigt de la mort. —
De l'art d'Yseult il connut la mesure;
Un baume rare, entre tous précieux,
　　Lui ferma sa blessure
　　Et lui rouvrit les yeux. —
Tantris, — c'était le nom que prenait le parjure, —
Tantris cachait Tristan, il n'eut pû le nier;
Dans une large brèche au fil de son épée,
　　S'encastrait le fragment d'acier
　Resté fixé dans la tête coupée,
Dont il me fit présent, pour railler ma douleur.
　Un cri de rage échappa de mon cœur;
　　Levant la forte et lourde lame,
　　　J'allais frapper l'infâme
　　　Et venger Morold expirant!....
　　Alors, — sans crainte... sans alarmes...
Il fixa dans mes yeux son œil mourant
　　Et sourit à travers ses larmes.
Je ne pus soutenir ce regard surhumain
　　Et le fer glissa de ma main.
　　Tristan guérit bien vite.
　　Troublée et le cœur anxieux,
　J'eus hâte, alors, de protéger sa fuite,
Pour me soustraire au charme de ses yeux.

BRANGAINE.

Qu'entends-je? — aveuglement étrange! —
Celui que nous avons guéri...

YSEULT.

Tu viens d'entendre sa louange:
»Gloire au héros Tristan!«— C'est lui, l'ingrat, c'est-lui! —
Des bienfaits d'Yseult, à l'en croire,
Il devait garder la mémoire.
Apprends, comment
Un héros tient son serment! —
Tantris parti, — grâce à ma connivence, —
Tristan revint, plein d'arrogance.
D'un front hardi, d'un air hautain
Il venait demander ma main
Au nom du vieux monarque,
Son oncle: le roi Marke. —
Morold vivant, nul certes n'eût osé
M'infliger cette indigne offense;
Jamais on ne m'eût proposé
Le déshonneur d'une telle alliance!....
O rage vaine! ô stérile remord!
Moi-même j'ai fixé mon sort!
Je pouvais le frapper...; j'ai trahi ma vengeance,...
Et maintenant, — destin fatal! —
Je suis l'esclave d'un vassal!

BRANGAINE.

Lorsque tout un peuple en liesse,
Fêtait, avec ivresse,
L'hymen qui lui donnait la paix,
Pouvais-je soupçonner ta peine et tes regrets?

YSEULT,
s'apostrophant avec fureur.

O cœur sans force, sans vaillance,

Pourquoi gardai-je un vain silence ? —
Tristan, moins simple et moins discret,
　　N'est pas resté muet. —
Cachant l'ingrat, — farouche et sombre, —
Nuit et jour, le veillant dans l'ombre,
Yseult, jadis, l'a sauvé du trépas ! —
　　Qu'importe ! il ne m'épargne pas ! —
　　Triomphant, à la cour de Marke,
Tout haut, il m'offre à son monarque :
» Ces yeux charmants, ces yeux si doux,
　　Seigneur, qu'en dites-vous ?
Je veux aller chercher la belle ;
A vous son cœur, à vous sa main...
La route ne m'est pas nouvelle,
　　Un mot,... je pars demain ;
Il me sourit de tenter l'aventure. « —
　　Traître orgueilleux !
　　Lâche et parjure !
Haine ! mort ! mort... à nous deux !

BRANGAINE,
se précipitant vers Yseult dans l'emportement de sa tendresse.

Maîtresse chère ! douce ! bonne !
O viens, de grâce ; viens, mignonne !
　　Chère âme, écoute, calme-toi ! —
　　Quelle erreur fatale et bizarre,
　　O cœur chéri, t'égare
　　Et cause un vain émoi ? —
Mais, n'est-ce pas Tristan, dis-moi ?
Qui, pour payer sa dette
Met la couronne sur ta tête ?
Sujet loyal, il sert son roi,
Mais, tout en le servant, il s'acquitte envers toi !
C'est à lui ce royaume, il te l'offre lui-même ;
　　A tes pieds, abdiquant ses droits,
　　Il te remet son diadème. —

Et Marke même ?— Est-il un choix
Plus digne de flatter ton âme,
O ma gentille dame ?—
Un prince illustre, au noble cœur,
Qui porte autour du front la palme du vainqueur,
Que sert le preux le plus fidèle....
Dis ! — parle ! — réponds, ma belle !
Quel trône vaut celui qui s'offre à toi ?

YSEULT,
regardant fixement dans le vague.

Sans qu'il m'aime, ce cœur superbe,
Le voir sans cesse...près de moi !..
Pourrais-je endurer ce supplice acerbe ?

BRANGAINE.

Qu'oses-tu dire ? — Sans t'aimer ! —
Elle s'approche d'Yseult, en l'enveloppant de ses caresses.
Mais quel mortel, au cœur sensible et tendre,
Peut te voir, t'approcher, sans se laisser surprendre,
Sans se laisser charmer ?—
S'il existe un tel homme,
Chère Yseult, qu'on le nomme,
Et je saurai le désarmer ;
D'un feu soudain, d'une immortelle flamme,
Tu verras s'embraser son âme !

Se serrant contre Yseult et d'une voix mystérieuse.

L'art de ta mère a tout prévu,
En confiant à ta servante
Un philtre d'étrange vertu,
Que prépara sa main savante.

YSEULT,
d'un ton sombre.

Ma mère aimée avait raison.

Que son secours, qu'Yseult réclame,
Venge la trahison,
Calme la peine de mon âme! —
Apporte le coffret!

BRANGAINE,
allant prendre un petit coffret qu'elle ouvre, en montrant son contenu.

Le charme est là, tout prêt. —
Tu vois, — ta mère même,
Rangea tout, dans un ordre extrême. —
Voici les baumes frais et purs,
Les antidotes prompts et sûrs;
Enfin, voici le remède à ta peine.

Elle prend un flacon dans le coffret et le montre à Yseult.

YSEULT.

Non, non! tu fais erreur! tu te trompes, Brangaine!

Elle saisit un autre flacon.

Regarde! — oui, le voilà!

BRANGAINE,
reculant épouvantée.

C'est la mort que tu veux!

On entend derrière les coulisses les appels des matelots. Yseult se lève et les écoute avec une anxiété croissante.

LES MATELOTS.

Au mât de foc, carguez la voile!
Ohé! ohé! Serrez la toile!

YSEULT.

Malheur! nous touchons à ce pays odieux!

SCÈNE QUATRIÈME.

Les Mêmes, KOURWENAL, entrant brusquement, en écartant les tentures.

KOURWENAL.

Alerte! Alerte! l'heure presse!
La terre est proche et nous sommes au but!

S'adressant à Yseult.

Tristan, mon maître, à votre Altesse,
De ses respects présente le tribut. —
Déjà le drapeau d'allégresse
Flotte gaîment à la cime du mât.
C'est vous, madame, qu'il signale,
A votre demeure royale. —
Pour vous conduire, en apparat,
A l'époux qui doit vous attendre,
Tristan, bientôt, viendra vous prendre.

YSEULT,
troublée d'abord à l'entrée de Kourwenal, a rapidement reconquis son calme et répond avec dignité.

A ton maître, offre mes saluts
Et va lui porter mon message : —
S'il veut s'épargner un refus,
S'il veut qu'on le suive au rivage,
Qu'il vienne tout d'abord me rendre hommage,
Qu'il vienne racheter l'affront,
Qui m'a blessé le cœur; — qu'il courbe enfin le front.

Kourwenal fait un geste de révolte. Yseult reprend avec une insistance marquée.

Écoute bien et retiens mes paroles;
Je ne fais point de menaces frivoles,
Je dicte une inflexible loi : —
S'il veut que je suive sa trace,

S'il veut me conduire à son roi,
S'il veut enfin qu'Yseult lui fasse grâce,
Qu'il vienne racheter l'affront,
Qui m'a blessé le cœur ; — qu'il courbe enfin le front !

KOURWENAL.

Mot pour mot, ô ma reine,
Je vais tout rapporter.

Il sort. Yseult court vers Brangaine et l'embrasse avec emportement.

YSEULT.

Et maintenant Brangaine
Nous allons nous quitter.
Elle l'embrasse encore.
Garde ce baiser pour ma mère.

BRANGAINE,
troublée et sans comprendre.

Eh ! quoi ? — qu'entends-je ? — où veux-tu fuir ? —
Je te suis au bout de la terre !

YSEULT,
déjà remise d'un moment de faiblesse.

L'as-tu compris ? il va venir
Le preux qui me raille et m'outrage. —
Allons ! pour la dernière fois,
Brangaine, obéis à ma voix :
Prépare le breuvage !

BRANGAINE.

Quel breuvage ?

YSEULT,
lui donnant un flacon.

Tiens, le voilà ! c'est le philtre de mort ; —
Remplis la coupe jusqu'au bord.

BRANGAINE,
recevant le philtre avec des signes de la plus profonde épouvante.

L'ai-je rêvé?

YSEULT.

Sois moi fidèle!

BRANGAINE,
balbutiant.

Mais... qui... boira?

YSEULT.

Qui me trompa!

BRANGAINE.

Tristan!

YSEULT.

Meure le traître!

BRANGAINE.

Horreur! — grâce, cruelle!

YSEULT.

Grâce pour moi : femme rebelle!

Avec une intention marquée de persiflage.

» L'art de ma mère a tout prévu,
En confiant à ma servante
Un philtre d'étrange vertu
Que prépara sa main savante. «
Laissons les baumes frais et purs
Les antidotes prompts et sûrs;
Pour le mal sans espoir, qui me dévore l'âme,
C'est le poison mortel que de toi je réclame.

BRANGAINE.

O jour fatal !

YSEULT.

Brangaine ! — tu m'entends

BRANGAINE.

Quel effroi me pénètre !

YSEULT.

M'obéis-tu ?

BRANGAINE.

Pitié !

KOURWENAL,
annonçant.

Mon maître !

YSEULT,
faisant un effort surhumain pour reprendre son calme

Qu'il entre ! — je l'attends !..

SCÈNE CINQUIÈME.

TRISTAN, YSEULT, BRANGAINE.

Yseult rassemblant ses forces, se dirige vers son lit de repos, contre lequel elle s'appuie, en regardant fixement devant elle. Tristan paraît et s'arrête respectueusement sur le seuil de la porte. Kourwenal laisse retomber la tapisserie derrière son maître et disparaît. Brangaine éperdue se détourne et se retire à l'écart.

TRISTAN.

Que veut ma noble souveraine ?

YSEULT.

Ne sais-tu pas ce que je veux
Et n'est-ce qu'une crainte vaine
Qui te fait fuir mes yeux?

TRISTAN.

Le respect dicte ma conduite.

YSEULT.

Ton respect, tu le montres peu
Et tu te fais un jeu
De rabaisser ma gloire et mon mérite.

TRISTAN.

Je sers mon prince et je fais mon devoir.

YSEULT.

Ton prince est peu courtois, s'il veut que l'on évite
Une femme qui doit partager son pouvoir?

TRISTAN.

L'usage dit: « évitez la promise
Qu'à votre honneur on a remise
Pour la conduire à son mari.

YSEULT.

Pour quel motif?

TRISTAN.

Interrogez l'usage.

YSEULT.

Mais n'est-ce pas l'usage aussi
De boire au même verre avec son ennemi,
Si l'on veut s'en faire un ami,
Si l'on veut qu'il nous rende hommage.

TRISTAN.

Qui m'en voudrait?

YSEULT.

Interroge ta peur;
Le sang versé réclame la vengeance!

TRISTAN.

La paix est faite!

YSEULT.

Espoir trompeur!

TRISTAN.

Peuple vaincu, peuple vainqueur
Ont fait éternelle alliance.

YSEULT.

Était-ce alors que Tantris éploré
  Me livrait Tristan sans défense? —
Plus tard, tout fier, s'il promit allégeance,
  Ce qu'il jura je ne l'ai pas juré.
  Car j'avais appris à me taire,
Je t'ai veillé dans l'ombre et le mystère,
J'aurais pu te frapper, j'avais le glaive en main
Je domptai ma colère et sus lui mettre un frein,
Mais au fond de mon cœur altéré de vengeance,
  Je fis un serment en silence
  Et je ne l'ai pas fait en vain!

TRISTAN.

Et qu'avez-vous juré?

YSEULT.
De venger ta victime.

TRISTAN.

Y tenez-vous?

YSEULT.

As-tu sondé ton crime? —
Morold et moi, nous étions fiancés,
Sa gloire à lui, c'était ma gloire ;
Le même coup tous deux nous a blessés,
Car c'est pour moi qu'il briguait la victoire ;
En le frappant tu m'as frappée au cœur, —
C'est pourquoi j'ai juré, te lançant l'anathème,
Si nul n'osait se faire mon vengeur
De me venger un jour moi-même ! —
Pâle, mourant et tout près du trépas
Je t'ai tenu sans défense en mes bras,
Je t'ai sauvé, car ma vengeance est lente,
Pour te faire frapper, dans ta force insolente,
Par l'homme que j'aurais choisi : —
Le sort qui t'attend, tu dois le connaître,
Puisque tous, avec toi, sont d'accord aujourd'hui,
Qui doit frapper le traître?

TRISTAN,
pâle et sombre, lui tendant son épée.

Si Morold vous était si cher,
Tenez, prenez ce fer,
Frappez d'une main ferme et sûre,
Vengez sa mort et vengez votre injure.

YSEULT.

Quel outrage ferais-je à ton ami royal!
N'insulterais-je pas le roi Marke en personne,
Si j'immolais le serviteur loyal
Qui lui conquit sa terre et sa couronne? —
Suis-je, à tes yeux, un présent si banal

Pour que ton prince, oubliant ton service,
Put pardonner, sans te faire injustice,
Si je versais le sang de son vassal?
Mets ton glaive au fourreau, ma colère est calmée,
Je l'ai pesée, un jour, j'ai brandi ton épée,
Mais tandis que ton œil, par un lâche larcin,
Au profit de ton roi, me volait mon image,
    Le fer a glissé de ma main... —

Elle fait un signe à Brangaine, qui tressaille et reste hésitante Yseult l'excite à l'obéissance d'un geste plus impérieux; Brangaine, vaincue, va préparer le breuvage.

LES MATELOTS.

Ohé! ôhé!
Au mât d'avant, carguez la voile!
Ohé! ôhé!
Serrez la toile!

TRISTAN,
sortant brusquement de sa rêverie.

Où suis-je?

YSEULT.

Près de terre. —
Parle, me fais-je entendre? — as-tu compris, Tristan?

TRISTAN,
sombre.

Ma maîtresse est prudente et m'invite au mystère;
  Si j'ai compris ce qu'elle veut me taire,
Je dois taire à mon tour ce qu'elle ne comprend.

YSEULT.

Prétextes vains! Si ton cœur se repent,
  Viens m'en donner la marque.

LES MATELOTS.

Ohé! Ohé!

YSEULT.

Voici le port! décide-toi! —
Dans un instant, tous deux, nous serons près de Marke: —
Superbe et triomphant, me montrant à ton Roi,
Tu vas pouvoir lui dire:
»Voilà, mon prince, un cœur soumis,
Et tel enfin, que le tien le désire.
Autrefois de ma main j'immolai son promis,
Et lui fis présent de sa tête;
La blessure qu'il m'avait faite,
Yseult la ferma doucement;
Et si je vis, — Tristan l'atteste et le proclame, —
C'est grâce à la gentille dame. —
Pour moi, la belle a trahi son serment;
Tu n'as jamais rêvé plus tendre et douce femme. —
Tantôt, sa voix grondait encor
Mais, dans les flots de pourpre et d'or,
De cette coupe pleine,
Nous avons noyé notre haine!«

LES MATELOTS.

L'ancre en mer!

TRISTAN,
avec une impétuosité sauvage.

Levez la chaîne!
Gouvernez de l'avant,
Les mâts et les voiles au vent!

Il saisit résolument la coupe.

Reine, je sais que la nature
N'a pu vous dérober ses plus subtils secrets; —
Jadis un baume a fermé ma blessure;

Que ce breuvage, pour jamais,
Guérisse maintenant mon âme ! —
Pourtant, avant de boire, un mot encor, madame !
La gloire de Tristan, c'est ma fidélité !
Son supplice sera son orgueil indompté !
Piège du cœur, rêve enchanté,
Deuil éternel, charme céleste ;
Breuvage de l'oubli, je te bois sans effroi !

Il porte la coupe à ses lèvres, et boit.

YSEULT,
lui arrachant la coupe.

A moi, ma part ! à moi le reste !
Ame ingrate, je bois à toi !

Elle vide la coupe et la jette loin d'elle. Tous deux profondément émus, se regardent fixement dans les yeux et demeurent immobiles. En un instant, l'expression de leur regard passe du mépris de la mort aux ardeurs de la passion. Un tressaillement nerveux agite tous leurs membres. Ils portent convulsivement la main de leur poitrine à leur front. Leurs yeux se cherchent de nouveau, se baissent, se relèvent, pour s'attacher les uns sur les autres, avec l'expression d'une passion croissante.

YSEULT.

Tristan !

TRISTAN.

Yseult !

YSEULT.

Cœur infidèle !

TRISTAN.

Femme cruelle !

Ils restent silencieusement enlacés.

ACTE PREMIER

MATELOTS ET CHEVALIERS.

Gloire et salut au Roi!

BRANGAINE,

pleine de trouble et de terreur, a détourné le visage et s'appuie sur le bord du navire. A cet instant, elle se retourne vers Tristan et Yseult, perdus dans un embrassement passionné ; tout à coup, elle se précipite sur le devant de la scène, avec un geste de désespoir.

Honte sur toi! —
Servante misérable,
Arrache-toi les yeux!
N'est-ce pas ta pitié coupable
Qui les a perdus tous les deux?

TRISTAN,

Qui donc parlait d'honneur, de gloire?

YSEULT.

Quel rêve étrange a troublé ma mémoire?

TRISTAN.

Un autre était aimé?

YSEULT.

Ton cœur m'était fermé? —
Sombre prestige... ombres du songe!

TRISTAN.

Vaine chimère, et vain mensonge!

YSEULT.

Tristan! ô mon vainqueur!

TRISTAN.

Yseult, charme du cœur!

ACTE PREMIER

TOUS DEUX.

O pure ivresse, ô douce extase,
Flamme divine où notre âme s'embrase,
Tendres soupirs,
Tendres désirs,
Joie ineffable,
Heure adorable !
O merveilleux
Rêve des cieux !

YSEULT.

Tristan !

TRISTAN.

Yseult !

YSEULT.

Toi qui remplis ma vie !

TRISTAN.

Yseult !

YSEULT.

Tristan ! Toi que le ciel m'envie !

TOUS DEUX.

J'ai conquis ton âme, en ce jour,
A l'éternel amour !

La tenture du fond s'ouvre dans toute sa largeur, le pont est couvert de Chevaliers et de Matelots, qui, par-dessus bord, font des signes d'allégresse, du côté du rivage, où se dresse un château fort, sur la crête d'un rocher.

BRANGAINE,
aux suivantes qui montent de l'intérieur du navire.

Le grand manteau, ... le diadème !

Elle se jette entre Tristan et Yseult, qui, perdus dans leur extase, ne semblent pas s'émouvoir de ce qui se passe. A Yseult.

Cœur égaré, rentre en toi-même !

Yseult se laisse revêtir de la parure royale sans qu'elle paraisse s'en apercevoir.

L'EQUIPAGE.

Gloire et salut au Roi,
Gloire à Marke,
Notre monarque !

KOURWENAL,
entrant brusquement.

O maître aimé, réjouis-toi ! —
Au-devant de sa fiancée,
Sur une barque pavoisée,
Voici venir l'époux, voici venir le roi !

TRISTAN,
levant les yeux.

Qui vient, dis-tu ?

KOURWENAL.
C'est ton monarque !

TRISTAN.
Quel monarque ?

Kourwenal lui montre par-dessus bord la barque du roi qui approche.

L'EQUIPAGE.

Gloire et salut à Marke
Gloire et salut au Roi !

YSEULT,
à Brangaine, dans le plus grand trouble.

Qui donc, là-bas... près du rivage?

BRANGAINE.

Ton prince, ton époux, entouré de sa cour.

YSEULT.

Où suis-je? parle!... et quel breuvage?...

BRANGAINE,
avec l'accent du désespoir.

Le breuvage d'amour!

YSEULT,
regardant Tristan avec une angoisse terrible.

Tristan?

TRISTAN.

Yseult?

YSEULT.

Faut-il vivre?...
Elle tombe inanimée dans ses bras.

BRANGAINE,
aux suivantes.

Vite! à l'aide!

TRISTAN.

Bonheur cruel et plein d'effroi,
Amour perfide qui m'enivre!

TOUS.

Gloire, gloire au Roi !

Quelques hommes de l'équipage ont sauté par-dessus bord, d'autres ont jeté un pont sur la rive, tout le monde indique par son attitude la prochaine arrivée de Marke. *Le rideau tombe rapidement.*

ACTE DEUXIÈME.

Au château royal de Marke. — Un parc planté de grands arbres, devant les appartements d'Yseult, situés sur un des côtés du théâtre. On y arrive par des degrés. Lumineuse et splendide nuit d'été. Près de la porte ouverte, une torche allumée.

SCÈNE PREMIÈRE.

YSEULT, BRANGAINE

Fanfares de chasse sur le théâtre. Brangaine, sur le perron, tend l'oreille au son du cor qui s'éloigne graduellement. Elle jette un regard inquiet vers l'intérieur des appartements, en voyant approcher Yseult, qui s'avance vivement.

YSEULT.

S'éloigne-t-elle enfin, l'importune fanfare ?

BRANGAINE.

Non, pas encor ! Non, je l'entends toujours !

YSEULT,
tendant l'oreille.

Cœur soucieux, l'effroi t'égare !
C'est le vent de la nuit, messager des amours,
Qui berce les feuilles tremblantes.

BRANGAINE.

Dans l'aveugle désir du péril, où tu cours,
Tu trouves les heures trop lentes. —
Elle tend l'oreille.
J'entends la voix du cor !

YSEULT.

Non, non! la voix du cor n'est pas si douce ;
C'est la source naissante, épanchant dans la mousse,
Son onde fraîche et vierge encor ;
Si le cor résonnait, entendrai-je la source ? —
La nuit sera trop tôt au terme de sa course,
Pourquoi veux-tu retarder mon bonheur ?
Oh ! rends-moi l'élu de mon cœur,
Brangaine ; trêve à de vaines alarmes !

BRANGAINE.

Ah ! laisse-toi fléchir par mes pleurs et mes larmes ;
Un piége est tendu sous tes pas ; —
L'amour t'aveugle ; — éblouis par ses charmes, —
Tes yeux ne le devinent pas. —
Rappelle-toi ce jour, où tremblante et glacée,
La triste Yseult, la pâle fiancée
Parut devant le Roi.
Le trouble de ton cœur altérait ton visage ;
Pourtant le prince, empressé près de toi,
Te plaignait hautement des ennuis du voyage.
Un homme alors, — je l'ai vu de mes yeux, —
Ourdissant, dans son cœur, une infernale trame,
Arrêta sur Tristan son regard soupçonneux
Et parut deviner le secret de son âme.
Maintes fois, t'épiant aussi,
Je l'ai vu rôder par ici.
Prenez garde à Mélot !

YSEULT.

Ta prudence s'égare,
Mélot est notre ami ;
Et mon héros a confiance en lui.
Lorsque tout nous sépare,
C'est à lui seul qu'il peut parler de moi.

BRANGAINE.

Ce qui le rend suspect, te donne confiance,
Il jette dans l'esprit et dans l'âme du roi
De mauvaise semence. —
Cette chasse au flambeau, cette chasse de nuit
Est une ruse infâme !
C'est un noble gibier, ô trop aveugle femme
Que le royal chasseur poursuit.

YSEULT.

Mélot lui-même inventa cette ruse,
Afin de servir nos amours. —
Et voilà celui qu'on accuse !
Cœur généreux, il nous prête un secours,
Hélas ! que le tien nous refuse. —
Épargne-moi de vains discours ;
Fais-lui signe, de grâce, obéis, ô Brangaine,
Éteins cette torche, éteins ce flambeau ;
Que la nuit m'enveloppe et règne en souveraine.
Déjà sur la nature elle étend son manteau,
Son ombre emplit mon cœur des rêves de l'attente ;
Éteins cette flamme insolente ;
Qu'elle n'arrête plus les pas
De l'ami qui me tend les bras.

BRANGAINE.

De grâce, ne l'exige pas,
Laisse briller le phare tutélaire ! —

O breuvage fatal! ô douleur! ô remord!
   O comble de misère!
D'enfreindre, un jour, ton ordre, hélas, combien j'eus tort!
   J'aurais dû t'obéir; — ta mort
Était ton œuvre à toi, ton œuvre volontaire.
Mais, quoi? Je t'ai vouée au supplice d'aimer;
  Mon œuvre à moi, c'est ta honte suprême.

YSEULT.

 Ton œuvre à toi! — Non! — tu peux te calmer;
  La reine d'amour elle même
  Vint me verser ce breuvage divin;
  La reine vaillante et féconde,
  Qui crée incessamment le monde;
La vie et le trépas sont tous deux dans sa main;
Elle tisse nos jours, de plaisir et de peine,
Elle change en amour la colère et la haine. —
J'invoquais le trépas et je voulais mourir!
La déesse a trompé mon farouche désir.
A mon cœur révolté, qu'elle prit en ôtage,
  Elle imposa son doux servage. —
 Qu'elle commande et dispose de moi;
Je prétends désormais n'obéir qu'à sa loi;
  Esclave soumise et fidèle,
  Laisse moi lui montrer mon zèle!

BRANGAINE.

O breuvage fatal qui te perd sans retour,
  O funeste démence!
  Pourquoi faut-il que ton amour
  Te fasse, hélas, oublier la prudence? —
Respecte ce fanal, écartant la vengeance,
Contrains ton cœur, un jour encore, rien qu'un jour?

YSEULT.

La déesse d'amour qui gouverne mon âme
   Et qui dirige à son gré mon esprit,
Commande d'étouffer cette importune flamme
Et de laisser régner les ombres de la nuit.
Son ordre m'est sacré, sa loi sera suivie ;
  A ton poste, Brangaine ! Allons, obéis-moi !

Elle saisit la torche.

O torche, fut-ce tu le flambeau de ma vie
   O flamme, je t'étouffe, sans effroi !

Elle jette à terre la torche qui s'éteint. Brangaine, consternée, s'éloigne et monte lentement, par l'escalier extérieur, sur la plate-forme de la tour. Yseult prête l'oreille et dirige ses regards dans l'ombre d'une avenue plantée d'arbres. Émue par son impatience croissante, elle se dirige vers l'allée et cherche à percer les ténèbres. Elle commence à faire des signes avec son écharpe. Rares d'abord, les signaux deviennent de plus en plus fréquents et trahissent bientôt son impatience passionnée. Un geste de ravissement indique enfin qu'Yseult aperçoit Tristan, qui s'avance. Elle se hisse sur la pointe des pieds, pour mieux embrasser l'espace, puis elle court au perron, du haut duquel, elle salue son bien-aimé, et vole à sa rencontre.

SCÈNE DEUXIÈME.

TRISTAN et YSEULT, BRANGAINE, sur la tour.

TRISTAN,
se précipitant sur le théâtre.

Yseult !

YSEULT.

Tristan !

TOUS DEUX.

Je t'aime !

Ils s'embrassent passionnément, en gagnant le devant du théâtre.

YSEULT.

Je te revois!

TRISTAN.

Est-ce toi-même?

YSEULT.

Puis-je le croire?

TRISTAN.

O volupté!

YSEULT.

O mon héros!

TRISTAN.

O ma beauté!

YSEULT.

Suis-je éveillée?

TRISTAN.

Ai-je la fièvre?

YSEULT.

Est-ce ta main?

TRISTAN.

Est-ce ta lèvre?

YSEULT.

Toi, dans mes bras!

TRISTAN.

Toi, près de moi!

YSEULT.

Parle, parle, et chasse le doute!

TRISTAN.

Parle, parle, Yseult, je t'écoute !

YSEULT.

Est-ce Tristan ?

TRISTAN.

Est-ce bien toi ?

TOUS DEUX.

O rêve de notre âme !
O douce, ô noble, ô fière flamme !
Amour, amour vainqueur !

TRISTAN.

O délice !

YSEULT.

Folle étreinte !

TRISTAN.

Joie immense !.. pure...

YSEULT.

sainte !...

TOUS DEUX.

Qui me fait bondir le cœur ! —
Quelle ivresse vaut la nôtre ?
Viens ! sans réserve, l'un à l'autre !

YSEULT.

Yseult, pour toujours, est à toi !
Tristan, pour jamais, est à moi !

ACTE DEUXIÈME

TRISTAN.

Tristan, pour toujours, est à toi !
Yseult, pour jamais, est à moi ! —

YSEULT.

Si loin de toi, que l'heure est lente !

TRISTAN.

Si loin de toi, pourtant si près !

YSEULT.

Cruelle angoisse, longue attente,
Qui semblait ne finir jamais !

TRISTAN.

O joie ardente, ô poignante souffrance,
Doux revoir, triste absence !

YSEULT.

Ce feu maudit t'exilait de mes bras !

TRISTAN.

Ce feu ! ce feu ! que tu m'appris à craindre,
Qu'il fut long, hélas à s'éteindre ! —
Le soleil disparut, le jour n'abdiqua pas,
Mais, descendant de la voûte céleste,
Il embrasa, de sa flamme funeste,
La torche veillant à ton seuil,
Comme un phare au bord d'un écueil.

YSEULT.

Mais Yseult a bravé l'arrêt qui nous sépare ;
Dédaignant les conseils que lui dictait l'effroi,

      Dans son amour, elle brise le phare
          Qui t'éloignait de moi !

TRISTAN.

O jour, ô lumière implacable,
Que ne puis-je étouffer ton éclat, à mon tour ;
Que ne puis-je venger les tourments, qu'à l'amour,
Inflige sans pitié ta haine redoutable. —
Est-il, au fond de l'âme, une seule douleur
        Que ne réveille ta lueur ?
    Même la nuit, tu ne veux faire grâce,
Jusqu'au seuil de l'amour, ta clarté nous menace.

YSEULT.

N'était-ce pas son éclat orgueilleux,
    Qui rayonnait dans l'éclair de tes yeux,
        Lorsqu'au nom de ton vieux monarque,
  Tristan, tu vins solliciter ma main ? —
Qui t'avait inspiré cet infâme dessein
        De me jeter aux bras de Marke ? —
    Cruel ami, ne le savais-tu pas,
      C'était me vouer au trépas !

TRISTAN.

    Hélas ! aurais-je pu te dire,
    Le secret de mon fol amour,
    A toi, maîtresse d'un empire,
    Trônant au milieu de ta cour ? —
    Courbant le front devant ta gloire,
    N'osant lever les yeux vers toi,
        Comment pouvais-je croire
        Qu'Yseult serait à moi ?

YSEULT.

N'avais-tu pas déjà mon âme ? —

Quel mensonge abusait ton regard ébloui
    Que tu voulus livrer la femme
    Qui t'avait entre tous choisi ?

TRISTAN.

    L'éclat menteur d'un brillant diadème,
        Les vains honneurs qu'on rend aux rois,
Avaient trompé mes yeux, trompé mon cœur lui-même. —
        Tu rayonnais au rang suprême
        Où ton orgueil avait des droits ;
        Un peuple entier, un peuple en fête,
        Devant Yseult courbait la tête ;
        Comment un humble paladin
        Eut-il osé briguer ta main ? —
L'image que j'aimais, l'image de la femme
A qui, sans le vouloir, j'avais donné mon cœur,
L'image, dont mes yeux avaient rempli mon âme,
Brillait aux feux du jour dans toute sa splendeur ;
    Je ne vis plus devant moi qu'une reine
        Et, l'âme pleine encor de toi,
        J'allai vanter au roi
Ta royale beauté, ta grâce souveraine. —
    Alors tous ceux, que lassait ma faveur,
        Répandirent le bruit menteur
        Que j'aspirais au sang suprême
        Et convoitais le diadème. —
Pour venger mon renom et sauver mon honneur
    Je m'imposais ma plus rude victoire
    Et j'immolai mon amour à ma gloire !

YSEULT.

    O perfide clarté du jour !
Hélas, par elle abusée à mon tour,
J'ai dû te mépriser et te maudire. —

Quel désespoir et quel martyre,
Quand je te vis renier notre amour ;
Quand cet amour, dont mon âme était pleine,
Dut faire place aux fureurs de la haine ! —
O cruelle douleur, ô peine ! horrible peine !
Que de se voir trahir ainsi,
Par l'homme que l'on a choisi ;
Et quelle angoisse extrême
De voir celui qu'on aime
Vous montrer tout à coup le front d'un ennemi ! —
Puisque Tristan dédaignait ma tendresse,
Ce jour maudit, ce monde sans appas,
Je jurai de les fuir dans l'ombre du trépas.
Là, mon cœur pressentait la celeste promesse
D'une ivresse d'amour qui ne s'epuise pas ;
Et je t'offris la liqueur charmeresse,
Qui devait à jamais t'endormir dans mes bras.

TRISTAN.

Ce breuvage de mort, comblant mon espérance,
Lorsque ta main me le tendit,
Sans hésiter, Tristan le prit,
Comme un gage sacré d'éternelle alliance. —
Je souris au trépas trop longtemps attendu,
La nuit m'ouvrait son sein, le jour était vaincu !

YSEULT.

Hélas ! le philtre a trompé ton envie.
Quand tu croyais toucher au port,
Quand ton cœur appelait la mort,
Il t'a rejeté dans la vie.

TRISTAN.

Béni celui qui t'avait composé,
O doux breuvage, ô liqueur généreuse,

Car, du seuil de la mort, où mon pied s'est posé,
J'ai contemplé la splendeur merveilleuse
De ce monde inconnu,
Que mes yeux n'avaient vu
Qu'à travers une ombre trompeuse. —
La beauté dont la gloire aveuglait mon amour,
Loin de l'éclat menteur du jour,
Par toi, philtre adoré, sort des vapeurs du rêve !

YSEULT.

Mais le jour odieux t'a poursuivi sans trêve,
Et s'est bientôt vengé de toi,
En te forçant de livrer, à ton roi,
La main de celle, hélas, qui t'était destinée. —
Sous le fardeau d'un diadème d'or,
La pâle Yseult s'est inclinée. —
Et je l'ai pu souffrir ! et je le souffre encor !

TRISTAN.

Ah ! laissons ce mensonge infâme,
Dont le monde a voulu nous imposer la loi ;
Rien ne peut désormais me séparer de toi ! —
De sa vaine splendeur, de l'orgueil de sa flamme,
Le jour n'aveugle plus nos yeux ;
Son éclat décevant, qui nous est odieux,
Perd sa puissance redoutable. —
J'ai fixé mon regard dans la nuit du trépas
Et j'ai surpris son mystère ineffable ;
Les vains honneurs, pour moi, n'ont plus d'appas
Et la gloire n'est rien qu'une vague chimère,
Un mirage éphémère,
Qu'un souffle jette à bas ! —
Un seul espoir m'anime, un seul désir me reste ;
L'ardente volupté de plonger dans la nuit,

De m'abîmer dans cette ombre céleste,
Où l'amour me sourit.

Tristan conduit doucement Yseult vers un banc de gazon ; il tombe à ses genoux et pose la tête dans les bras de sa bien-aimée.

TOUS DEUX.

O nuit sereine, ô nuit profonde,
Viens, arrache-nous au monde
Et recueille-nous, tous deux,
Dans ton sein mystérieux ;
Emporte, dans tes vagues noires,
Les mirages de nos yeux,
Les fantômes illusoires.

Nuit auguste, nuit d'amour,
Étouffe, pour jamais, l'éclat trompeur du jour !
Étends ton ombre, éteins les flammes
Des vastes plaines de l'azur ;
Confonds nos cœurs, confonds nos âmes,
Au sein sacré du gouffre obscur. —
Cœur à cœur et lèvre à lèvre,
Berce-nous dans notre amour,
Et viens calmer l'ardente fièvre
Dont m'embrasa l'astre du jour.
Que jamais ton cours ne s'achève
Et, triomphante du soleil,
Viens, d'un désir sans trêve,
Faire éclore le rêve :
Plonge-nous dans un doux sommeil,
Sans fin, sans trouble et sans réveil !

Ils se perdent dans leur extase.

BRANGAINE,
invisible et du haut de la plate-forme.

Seule ici, pour vous je veille,

Au sommet de cette tour ;
Vous, à qui sourit l'amour,
A ma voix prêtez l'oreille ;
L'heure avance et l'ombre fuit,
Prenez garde ! déjà le jour chasse la nuit !

YSEULT.

Tristan, écoute !

TRISTAN.

A tes pieds que je meure !

YSEULT.

L'heure avance !

TRISTAN.

Qu'importe l'heure !

YSEULT.

Déjà l'aurore annonce son retour.

TRISTAN.

Laisse la mort l'emporter sur le jour !

YSEULT.

Le jour, la mort ; tous deux se liguent
Et contre notre amour intriguent.

TRISTAN.

Notre amour, notre ardent amour,
Est-il rien qui puisse l'atteindre ? —
Ce feu qui brûle en nous, quel souffle peut l'éteindre ? —
Ni le destin mystérieux,
Ni le trépas, aux arrêts rigoureux,

N'ont le pouvoir arbitraire et suprême,
En me fermant les yeux,
D'empêcher que Tristan ne t'aime. —

Enlaçant Yseult avec une tendresse de plus en plus passionnée.

Si dans tes bras, exauçant mon désir,
La mort me touchait de son aile,
Mon cœur glacé te resterait fidèle. —
L'amour, Yseult, peut-il mourir,
Si son essence est éternelle !

YSEULT.

Mais notre amour ne s'appelle-t-il pas
»Tristan et Yseult«? — Ce mot qui nous lie :
»Et« cet anneau charmant d'une chaîne bénie,
Serait anéanti, brisé par ton trépas !

TRISTAN.

Et que pourrait briser cette mort que j'implore ?
L'obstacle seul qui nous sépare encore
Et qui t'empêche d'être à moi !

YSEULT.

Ah ! si tu meurs, Yseult meurt avec toi ! —
Comment ferais-je, hélas, pour te survivre ?
Ah ! pourrais-je ne pas te suivre !

TRISTAN,
attirant Yseult sur sa poitrine avec un geste plein de fougue et d'ardeur.

Mourons tous deux, pour vivre unis,
Dans l'espace sans limite,
Dans ce monde qui n'abrite
Ni douleurs, ni vains soucis.
Vers les plaines éternelles,
Tous les deux, ouvrons nos ailes !

Yseult répète ces dernières paroles, tandis que Tristan lui-même les lui adresse une deuxième fois. A la fin de cet ensemble, Yseult succombant à son émotion, laisse tomber la tête sur la poitrine de Tristan.

BRANGAINE,
invisible.

Prenez garde! — La nuit
Devant le jour s'enfuit!

TRISTAN,
souriant et se penchant vers Yseult.

Faut-il que je l'écoute?

YSEULT,
levant vers Tristan un regard extatique.

En tes bras que je meure!

TRISTAN,
d'un ton plus sérieux.

L'heure avance!

YSEULT,
avec plus de resolution.

Qu'importe l'heure!

TRISTAN.

Déjà l'aurore annonce son retour.

YSEULT.

Laisse la mort l'emporter sur le jour!

TRISTAN.

Du jour veux-tu défier la menace?

YSEULT,
avec une exaltation croissante.

Son mensonge m'est odieux !

TRISTAN.

Dans son ombre, veux-tu que la nuit nous enlace ?

YSEULT.

Oui, j'y consens ; — oui, je le veux !

Elle se lève et s'avance d'un pas décidé. Tristan la suit et la prend dans ses bras avec une passion délirante.

TOUS DEUX.

O chère nuit, douce nuit !
Ombre auguste, où l'amour sourit !
  Gouffre sublime,
  Où sans effroi,
 Je me plonge et m'abime ;
 Sur nous referme toi ! —
  O mort chérie,
  O mort bénie,
O radieux trépas d'amour.
Rends plus étroite notre chaîne ;
  Et sous ton haleine,
Confonds nos âmes, sans retour ! —
O douceur, ô paix profonde,
Vivre ensemble loin du monde
  Loin du jour ;
Sans angoisses, sans alarmes, —
Dans un rêve plein de charmes !
  O transport,
  O tendresse !
  Doux accord,
  Chaste ivresse !
  Feu vainqueur,

ACTE DEUXIÈME

Sainte flamme ;
Rien qu'un cœur,
Rien qu'une âme !
Mêmes rêves, mêmes vœux,
Une essence pour nous deux :
La tienne est la mienne,
La mienne est la tienne,
Ton nom est le mien,
Mon nom est le tien. —
Doux prodige, doux miracle,
Sans entrave, sans obstacle,
Sans réserve et sans détours,
L'un à l'autre pour toujours !
Dans l'espace sans limite,
Où la sainte paix habite,
Dans les siècles infinis,
A jamais soyons unis ! —

SCÈNE TROISIÈME.

YSEULT, TRISTAN, BRANGAINE, KOURWENAL, puis MÉLOT, MARKE et sa suite.

KOURWENAL,
entrant précipitamment l'épée à la main.

Sauve-toi, maître !

Il regarde avec terreur derrière lui. Marke, Mélot et quelques courtisans en habit de chasse, entrent vivement par une des allées et s'arrêtent stupéfaits, devant le groupe des amants. En même temps, Brangaine, descendue de la tour, accourt vers sa maîtresse. Yseult, dominée par un sentiment de pudeur, détourne le visage et s'appuie contre le banc de verdure. Tristan, d'un mouvement automatique, étend les plis de son manteau, dont il voile Yseult au regard des assistants. Dans cette attitude, il demeure immobile et les yeux fixés sur les courtisans, qui le regardent et semblent agités de sentiments divers. Le jour commence à poindre.

TRISTAN.

Le triste jour, pour la dernière fois !

MÉLOT, à Marke.

Sire ! voilà le traître ! —
L'ai-je accusé sans droits ? —
Quand j'engageais ma tête,
Avais-je trop risqué ? —
La preuve de son crime est faite,
Le suborneur est démasqué
Et Mélot t'a montré son zèle !

MARKE,
après une vive commotion et d'une voix tremblante.

Zèle cruel ! zèle fatal !

S'adressant à Tristan.

C'est donc à toi, l'ami le plus loyal,
C'est donc à toi, le preux le plus fidèle,
Que je dois demander raison
De cette infâme et lâche trahison ? —
O misère ! ô bassesse !
Celui qui trompe ma vieillesse
C'est le fils de mon cœur, mon bien-aimé Tristan !

TRISTAN,
avec des gestes violents et convulsifs.

Spectre du jour, ombre odieuse,
Fuis loin d'ici ; va-t-en ! va-t-en !

MARKE,
avec une émotion profonde.

O douleur ! ô torture affreuse !
Où donc és-tu, vertu des temps meilleurs,
O loyauté, fierté des nobles cœurs,
Si, sans pudeur, Tristan te chasse de son âme ! —

En qui mettrai-je, hélas, ma foi,
Si, par amour pour une femme,
Tristan trahit son roi,
Tristan se fait infâme !

Tristan baisse lentement les yeux, et, tandis que Marke poursuit son attitude trahit une tristesse croissante.

Qu'ai-je gagné par tes exploits guerriers,
Que sont pour moi de vains lauriers,
Cueillis dans la victoire ;
Si tu me prends mon seul bonheur,
Si c'est au prix de mon honneur
Qu'il faut payer ma gloire ? —
Suis-je, à tes yeux, un prince ingrat ? —
Ces biens, conquis par ton courage,
Ne te les ai-je pas donnés en héritage ? —
Pour te léguer mon trône et mon État,
N'ai-je pas supporté l'ennui d'un long veuvage ?
Mon peuple me pressait en vain
De relever la pourpre souveraine
Des grâces d'une reine,
En contractant un autre hymen ;
En vain tu me pressais toi-même
De faire droit aux vœux de mes sujets,
De mes amis ; rebelle à leurs souhaits,
Toujours trouvant un nouveau stratagème,
J'ai su tromper leur espoir, jusqu'au jour,
Où risquant un effort suprême,
Tristan m'a menacé de déserter ma cour,
Si, je n'acceptais la promise
Dont il vantait la grâce exquise. —
Alors je t'ai cédé. — Ce trésor précieux
Dont tu disais merveille
Et qui devait ravir mes yeux,
Cette princesse sans pareille,
Dont la beauté me devait éblouir ;
Cette pure et céleste femme,

Que je n'osais effleurer d'un désir,
    Mais qui fit naître, dans mon âme,
    Une immortelle et sainte flamme ;
      En serviteur loyal,
Tu me l'as amenée en mon castel royal. —
    Et maintenant, que mon âme sensible,
    A la douleur n'est que trop accessible,
      Lorsque mon cœur connaît le prix ;
    De la beauté, dont il était épris,
      D'une chaste et pure tendresse,
    C'est toi, Tristan, toi, fils cruel,
      Toi, dont la main me blesse ! —
Pourquoi m'abreuves-tu de ce poison mortel,
Qui m'embrase le sang, me brûle et me consume,
  En torturant mon cœur et mon esprit ? —
Pourquoi m'imposes-tu cette affreuse amertume
  De me glisser dans l'ombre de la nuit,
      Pour t'épier et te demander compte
De mon honneur, de mon bien le plus cher ! —
Tu me fermes le ciel, et tu m'ouvres l'enfer ;
Tu me prends mon amour et tu me rends la honte ! —
Comment as-tu conçu l'horreur de ce forfait ? —
      O monstrueux mystère !

TRISTAN,
levant vers Marke un regard de pitié.

  O roi, je dois, hélas, me taire,
Tu ne dois pas connaître mon secret.

Il se tourne vers Yseult qui le regarde avec passion.

    Yseult ! Tristan s'exile.
    Suivras-tu son destin ?
    Il va chercher asile,
      Dans un pays lointain ;
    Dans un pays où règne l'ombre,
    Où tout est noir, où tout est sombre ;

D'où, par la force de l'amour,
Ma mère, en expirant, m'arracha pour un jour. —
Là, je t'offre un abri, c'est là qu'est mon domaine,
Là je pourrai t'aimer, sans crime et sans remord ; —
Veux-tu m'y suivre, Yseult, veux-tu que je t'y mène,
 En te liant pour jamais à mon sort ! —
  Réponds un mot, ma reine.

YSEULT.

Lorsque tu vins, jadis, me prendre par la main,
Pour me conduire ici ; n'ai-je pas dû te suivre ? —
Ordonne maintenant, montre-moi le chemin,
Où son Tristan la mène, Yseult est prête à vivre.
Au bien-aimé mon cœur s'abandonne et se livre ;
 Je t'ai donné mon amour et ma foi,
  Ma place est près de toi !

Tristan se tourne lentement vers Yseult et l'embrasse sur le front

MÉLOT,
bondissant de rage.

L'infâme ! — à mort ! — Punis la perfidie,
 O mon maître, ô mon roi !
  (Il tire son épée.)

TRISTAN,
le fer en main se tourne vivement vers Mélot.

 Allons ! qui veut risquer sa vie ? —
  Il regarde fixement Mélot.

Voilà l'ami, voilà le compagnon loyal,
Voilà celui qui m'a tendu sa main fidèle,
 Celui, qui stimulant mon zèle,
 M'inspira le projet fatal,
 D'aller te chercher en Irlande,
Pour te jeter à mon oncle, en offrande ! —
 Tes yeux, Yseult, l'ont ébloui ;

Pour eux, il me livre à son maître,
Au prince, que moi j'ai trahi !

Il s'avance vers Mélot, l'épée haute.

En garde, traître !

Mélot pousse son épée ; Tristan laisse tomber la sienne et s'affaisse, blessé dans les bras de Kourwenal. Yseult se précipite sur Tristan ; Marke retient Mélot. *Le rideau tombe rapidement.*

ACTE TROISIÈME.

Les jardins d'un burg. D'un côté, les hautes murailles du manoir ; de l'autre un parapet assez bas, qui se rattache à une tour de garde. Au fond, la porte d'un castel, qui est censé situé sur une roche élevée. A travers les embrasures du parapet, on aperçoit les horizons lointains de la mer. — Le décor donne l'impression d'un domaine abandonné, dont çà et là les pierres croulantes sont envahies par la végétation. Au 1er plan, Tristan à l'ombre d'un vieux tilleul, est couché sur un lit de repos. Il dort et semble privé de vie. A son côté, Kourwenal, courbé tristement sur son maître, dont il épie le souffle avec une affectueuse sollicitude. Au dehors on entend le chalumeau d'un pâtre.

SCÈNE PREMIÈRE.

KOURWENAL, TRISTAN, LE BERGER.

LE BERGER,

se montrant à mi-corps au-dessus du parapet et regardant avec intérêt du côté de Tristan.

Kourwenal, — dis ! — Eh ! Kourwenal ! —
S'éveille-t-il ? Dort-il encore ?

KOURWENAL,
secouant tristement la tête.

Qu'il rouvre les yeux, — sort fatal ! —
La mort bientôt viendra les clore,
Si le seul médecin qui puisse le guérir,
Hélas, ne vient nous secourir. —
N'as-tu pas vu de voile sur les ondes?

LE BERGER.

J'aurais joué la plus folle des rondes
Ainsi qu'il était convenu —
Or ça, mon camarade, à notre sire
Qu'est-il donc advenu?

KOURWENAL.

Ah ! n'interroge pas, je ne puis rien te dire ;
Mais veille bien ; si tu vois un navire,
Dis-nous le plus gai de tes airs.

LE BERGER,
mettant la main sur son front pour regarder au loin.

Les flots sont vides et déserts.

Il embouche son chalumeau et s'éloigne.

TRISTAN,
sans bouger et d'une voix sourde.

Quel est ce vieux refrain qui chante à mon oreille?

Il ouvre les yeux et tourne légèrement la tête.

KOURWENAL,
très ému.

Qu'entends-je?

TRISTAN.

Où suis-je?

ACTE TROISIÈME

KOURWENAL.

Ciel ! il respire, il s'éveille.
Maître ! maître ! Tristan, mon héros glorieux !

TRISTAN.

Qui m'appelle ?

KOURWENAL.

O surprise ! O miracle ! O prodige !
Il vit, il parle, il a rouvert enfin les yeux !

TRISTAN.

Kourwenal, toi ? D'où viens-je ? — où suis-je ?

KOURWENAL.

Où nous sommes ? Chez nous, dans ton pays natal ;
A Caréol, cher maître !
N'as-tu pas reconnu ton manoir féodal ?

TRISTAN.

Mon manoir, as-tu dit ?

KOURWENAL.

Celui qui t'a vu naître.

TRISTAN.

Quel est cet air champêtre ?

KOURWENAL.

Le chant plaintif du chalumeau
D'un pâtre, qui surveille ton troupeau
Et qui le mène paître.

TRISTAN.

Mais, quel est ce pâtre?

KOURWENAL.

Le tien
Sans doute! Tout ici, tout t'appartient. —
Des biens que tu laissas, loyal dépositaire,
Ton peuple entier a pris les soins en main,
Depuis le jour, où son Seigneur, quittant sa terre,
Alla chercher fortune en un pays lointain.

TRISTAN.

En quel pays?

KOURWENAL.

Eh mais, en Cornouaille! —
Là Tristan conquit, dans mainte et mainte bataille,
La gloire et l'éclat de son nom.

TRISTAN.

Suis-je en Cornouaille?

KOURWENAL.

Eh non!
A Caréol, Messire!

TRISTAN.

Comment suis-je venu?

KOURWENAL.

Ma foi, pas à cheval.
Un brave et bon navire
T'a fait traverser le chenal;

Depuis le môle,
Je t'ai porté sur mon épaule ;
Il est large le dos de maître Kourwenal ! —
Oui, nous sommes chez toi, dans ton burg, sur ta terre,
Sur le sol paternel et sous le ciel natal ;
Cet air est pour ta plaie un baume tutélaire,
Il va guérir ton mal
Et chasser le trépas fatal !

Il se serre contre Tristan.

TRISTAN.

Ton cœur le croit et le désire,
Mais moi je sais qu'il n'en est pas ainsi. —
J'étais, tantôt, bien loin d'ici,
Mais d'où je viens nul ne pourrait le dire.
Là-bas mes yeux n'ont vu ni cieux, ni mer, ni terre ;
Mais qu'ont-ils vu ? Ma lèvre doit le taire.
J'étais où je vaguais avant d'avoir vécu,
Où, pour jamais, maintenant, je m'élance ;
Au sein des nuits, dans l'ombre immense,
Où l'on n'a plus qu'un seul souci ;
Le divin, l'éternel, l'originaire oubli. —
Quelle vague ressouvenance
Quelle avide espérance
M'a repoussé de cet heureux séjour
Et me rejette en proie au jour ? —
L'amour, divine flamme,
Qui seule emplit toute mon âme,
M'arrache aux ombres de la mort
Et, d'un vaillant effort,
Me jette aux flots de lumière dorée
Où vit encore une femme adorée !
Mon Yseult est encore asservie au soleil
Le jour la tient captive en son palais vermeil ;

Je la cherche, je l'appelle
Tout mon être tend vers elle ! —
La mort avait fermé pour l'éternel sommeil,
La porte du royaume sombre ;
La voilà qui se rouvre aux rayons du soleil ;
Fatal réveil !
Les yeux brillants et clairs il faut sortir de l'ombre,
Pour l'étreindre, pour le saisir
Le trésor adoré, la chère femme
En qui mon âme
Voudrait s'anéantir. —
Mais le jour m'étouffe et m'oppresse,
Son éclat farouche me blesse
Et ses fantômes odieux
M'ont troublé l'esprit et les yeux.
O jour cruel ! O jour barbare !
Dois-je te voir briller toujours ?
Va-t-il brûler toujours ce phare,
Qui, la nuit, même nous sépare ?
O mon Yseult, ô mes chères amours,
Quand s'éteindra cette torche exécrée
Pour m'annoncer l'heure espérée ?
Quand s'éteindra ce feu maudit,
Quand verrai-je régner la nuit ?

KOURWENAL.

La femme que brava ton serviteur fidèle,
Ainsi que toi, je l'attends et l'appelle.
Tu la verras, ici même, aujourd'hui
Tu la verras, je te le dis,
Si toutefois elle est vivante.

TRISTAN,
d'une voix épuisée.

Je vois briller encor la torche décevante,

Yseult est vivante et m'attend ;
Mon âme la voit et l'entend.

KOURWENAL.

Puisqu'elle vit, laissons l'espoir renaître. —
Si Kourwenal est simple, il n'est pas sot, cher maître, —
Tu gisais sur ta couche, ainsi qu'un trépassé,
Depuis le jour où Mélot t'a blessé. —
Comment sauver le héros que j'adore ?
Hélas, pauvre homme, j'ai pensé
Que la main, qui jadis t'avait pansé,
Pouvait fermer ta plaie et te sauver encore.
Vers Cornouaille, alors, j'ai fait partir
Un homme sûr, qui la ramène
L'enchanteresse souveraine,
Dont la science va promptement te guérir.

TRISTAN,
hors de lui.

Yseult arrive ! Yseult approche !
Ame fidèle, cœur sans tare et sans reproche !

Il attire Kourwenal sur sa poitrine et le presse dans ses bras.

Mon Kourwenal,
Ami loyal,
Comment le reconnaître
Ce dévouement qui te lie à ton maître ? —
Vingt fois tu m'as sauvé
D'une mort trop certaine ;
Je t'ai toujours trouvé,
Dans la joie ou la peine ;
Mon ennemi c'était le tien,
Ceux que j'aimais tu t'en fis le soutien ;
Quand je servais mon noble et bon monarque
Nul plus que toi ne fut fidèle à Marke

Et lorsqu'hélas, j'ai dû trahir mon roi
    Tu fus mon généreux complice. —
        Tout à moi! rien qu'à moi! —
Mon martyre fait ton supplice! —
      Pourtant ton pauvre cœur
        Ne peut souffrir ce que je souffre,
        Si tu pouvais sonder le gouffre
        De mon amour, de ma douleur ;
Si tu savais mon angoisse cruelle,
      Déjà tu serais sur la tour,
      Épiant la nef que j'appelle,
Interrogeant les vagues, tour à tour,
      Pour voir apparaître la voile
      Qui, sous le souffle de l'amour,
Fait palpiter joyeusement sa toile
        Et s'envole vers le port,
    Portant mon Yseult à son bord. —
Le voilà, le voilà, lestement il s'approche,
Le voilà, le voilà le navire attendu ;
Le vaisseau ! le vaisseau ! mes yeux l'ont reconnu....
        Il évite la roche ;
          Avec violence.
    Kourwenal ! réponds, le vois-tu ?

Kourwenal hésite à quitter Tristan qui le regarde avec une impatience muette : le berger reprend sa mélodie langoureuse.

KOURWENAL,
avec abattement.

      Pas un vaisseau n'arrive !

Tandis qu'il écoute la mélodie du pâtre, Tristan s'apaise peu à peu, puis il reprend sur un ton de tristesse qui s'assombrit de plus en plus.

TRISTAN.

Ai-je compris ton sens, ô musique naïve,
      O douce et triste voix ? —

Un soir d'été, c'est ainsi, qu'autrefois,
Ton chant plaintif m'apprit le trépas de mon père ;
    C'est toi qui m'as encore appris
    Qu'hélas, j'avais perdu ma mère ;
Enfin, le jour fatal, le jour où je naquis,
  Sur mon berceau, dans l'ombre vacillante,
    Planait déjà ta voix dolente.
      Tu demandais pour quel destin,
        Quittant la nuit profonde,
        Tristan venait au monde. —
    Pour quel destin ? — Le vieux refrain
      Me le dit à cette heure :
      Pour que j'aime et je meure ! —
Non, il me dit, — ô cruauté du sort, —
        Aime ! aime !
Jusque dans le trépas lui-même
Et que l'amour triomphe de la mort !

    Le berger reprend encore sa mélodie plaintive.

      O musique immortelle,
    Sanglote ! pleure ! invoque celle
    Qui peut me donner le repos ! —
    Pâle et défait, dans la nacelle
    Je dérivais au gré des flots ;
Ton souffle harmonieux, ô vieille ronde
    Enfla la voile vagabonde
    Et la dirigea vers le port. —
    Yseult ferma la plaie ouverte ;
Le fer qui me devait donner la mort
Je le vis flamboyer et retomber inerte. —
    Mais, quoi ! le breuvage fatal,
  Qui pour jamais devait guérir mon mal,
    Il me condamne, — ô torture effroyable, —
A traîner malgré moi, mon destin lamentable.
    O philtre ! ô philtre ! ô maudite liqueur,
Tu verses ton poison dans le sang de mon cœur !

L'ardent désir dont tu m'embrases l'âme,
Rien ne peut plus en éteindre la flamme,
    Rien ne peut me guérir de mon amour ! —
  La nuit me chasse et me rejette au jour,
      Ce jour impitoyable,
  Dont la clarté m'importune et m'accable,
  Ce jour cruel, aux funestes splendeurs,
Qui verse dans mon sang ses brûlantes ardeurs ! —
   Est-il sur terre un endroit qui m'abrite
   Et me dérobe à ta flamme maudite ?
   Est-il, hélas, un baume, assez puissant,
Pour calmer ma souffrance et raffraîchir mon sang ? —
O philtre redouté qui troubles ma raison,
  C'est moi, c'est moi, qui brassai ton poison ;
      Des soucis de mon père,
      Des tourments de ma mère,
      De mes propres douleurs,
      De mes cris, de mes pleurs,
        De ris et de larmes
        D'espoirs et d'alarmes
          J'ai préparé
      Ce breuvage exécré,
Où j'ai puisé, — monstrueux maléfice, —
L'amour ardent qui me met au supplice ! —
     O philtre, sois maudit !
  Maudite la main qui te fit !

Il tombe évanoui sur sa couche.

KOURWENAL,
qui s'est efforcé d'apaiser Tristan, s'écrie avec épouvante.

O maître ! maître ! — ô magie odieuse !
   Amour trompeur ! chimère creuse !
   Mirage du cœur et des yeux ! —
   Est-ce donc vrai qu'on m'abandonne ? —
Te voilà maintenant, cœur noble et généreux,

ACTE TROISIÈME

Qui sus aimer comme n'aima personne !
Hélas, voilà comment on te paie en retour,
  De tant d'ardeur, de tant d'amour ! —
   Avec des sanglots dans la voix.
Est-il fini, ton douloureux martyre ?
  T'ai-je à jamais perdu ?
  Il écoute la respiration de Tristan.
  O joie ! il remue ! il respire !
  Il vit ! il vit ! il m'est rendu !

    TRISTAN,
  d'une voix très basse d'abord.

Le navire ? dis ! — L'as-tu vu ?

    KOURWENAL.

Le navire ? cher maître, il est en route ;
  Tu vas le voir, sans doute.

    TRISTAN.

Ma bien-aimée est à son bord...
Elle a rempli la coupe jusqu'au bord !.. —
  L'aperçois-tu là-bas ? —
  Dis ! — Ne la vois-tu pas ? —
Dans sa grâce fière, elle arrive,
Sur les flots couleur de saphir ;
Sous le souffle embaumé du zéphir
  Sa nef s'envole vers la rive ! —
Son regard qui console et rassure mon cœur, —
Me promet d'apaiser ma cuisante douleur.
  O chère femme ! Yseult, beauté céleste ! —
   A Kourwenal.
Eh ! quoi, vraiment, ne l'aperçois-tu pas ?
Monte à la tour et presse-moi le pas ;
Ce que je vois clairement, je l'atteste,

Tu dois le voir toi-même. — As-tu compris ?
Monte à la tour. — Qu'est-ce donc qui t'attarde ? —
C'est le vaisseau, je te le dis ! —
Yseult est là ; — vois-tu ? — regarde ! —
Tu dois la voir ! — Va-t-en vite, obéis !

Tandis que Kourwenal hésitant, résiste aux injonctions de Tristan, le chalumeau du berger donne le signal attendu.

KOURWENAL.

O bonheur ! ô délire !

Il monte précipitamment à la tour et regarde au loin.

La nef ! la nef ! — Le voilà, le navire !

TRISTAN.

L'ai-je vu ? l'ai-je dit ? que mon Yseult respire
Et vit ! Si ce trésor n'était plus ici-bas,
Me serais-je arraché des liens du trépas ?

KOURWENAL.

Hourra ! Hourra ! Comme il se presse !
Comme il danse et bondit sur les flots de la mer !

TRISTAN.

Quel drapeau flotte au mât ?

KOURWENAL.

Le drapeau d'allégresse.
Il frétille au souffle de l'air.

TRISTAN.

O mon âme, exulte, ô mon cœur, sois fier !
Yseult s'avance ! Yseult est proche ! —
Dis, la vois-tu ?

KOURWENAL.

La nef est derrière la roche.

TRISTAN.

Près du récif ! — Serait-elle en péril ? —
Cette roche est perfide, il s'y brise des flottes ! —
Qui tient le gouvernail ?

KOURWENAL.

Le plus sûr des pilotes !

TRISTAN.

Ne trahit-il pas ? et Mélot le connaît-il ?

KOURWENAL.

Je te réponds de lui.

TRISTAN.

Trahis-tu pas toi-même ? —
Vois-tu la nef ? — vois-tu celle que j'aime ?

KOURWENAL.

Pas encore.

TRISTAN.

Perdue !

KOURWENAL.

Hourra ! plus de terreur !
Passé ! franchi ! ce rocher de malheur !

TRISTAN.

Joie ineffable ! — Kourwenal, —

Cœur sans rival—
Tous mes domaines, tous mes biens, je te les donne.

KOURWENAL.

Les voilà presque au but.

TRISTAN.

L'as-tu vue, en personne,
Mon Yseult adorée?

KOURWENAL.

Oui, c'est elle!—O transport!—

TRISTAN.

O céleste beauté!

KOURWENAL.

Le navire est au port!
C'est elle!— vois!— Sur le rivage—
Elle a sauté d'un bond.

TRISTAN.

Alerte, paresseux, et vole vers la plage,
Va t'en, lui porter mon hommage;
Va t'en! ton honneur m'en répond.

KOURWENAL.

Sur moi tu peux compter, en toute confiance;
Mais toi, maître, de grâce, un peu de patience!

Il sort en courant.

SCÈNE DEUXIÈME.

TEISTAN seul, puis YSEULT, puis KOURWENAL.

TRISTAN,
dans une agitation violente, cherchant à se soulever.

O jour béni, jour radieux !
Heure charmante, instant délicieux !
O pure extase ! O volupté ! —
O mon Yseult ! O ma beauté ! —
Sur ce lit de douleur faudra-t-il donc t'attendre ? —
Non ! non ! — J'irai vers toi, femme fidèle et tendre,
Quand mon ardente ivresse et mon fougueux transport
Devraient briser mon cœur, en un dernier effort !

Il se dresse sur son lit.

Ma blessure saignait, quand tu conquis mon âme,
Qu'elle saigne, à cette heure, où je conquiers ma femme.

Il arrache le bandage de sa plaie.

Coule, mon sang, coule et bondis :
Celle qui doit terminer mon supplice
Va bientôt se montrer à mes yeux éblouis ;
Qu'alors, pour moi, le monde entier s'évanouisse !

Il s'elance de sa couche, fait quelques pas en chancelant, et s'avance jusque vers le milieu de la scène, à la rencontre d'Yseult.

YSEULT,
du dehors.

Tristan, mon bien-aimé, c'est moi !

TRISTAN.

N'entends-je pas rayonner la lumière ? —
La torche s'est éteinte ! — à toi !

ACTE TROISIÈME

Y'seult entre tout hors d'haleine. Tristan, incapable de se maîtriser, s'élance vers elle en chancelant. Il la rencontre au milieu de la scène; Yseult le reçoit dans ses bras.

YSEULT.

Tristan!

TRISTAN,

Il glisse dans les bras d'Yseult et tombe mourant sur le sol.

Yseult!

(Il expire.)

YSEULT.

Tristan! — Tristan! âme trop fière!
Hélas, sans moi, vas-tu partir!
Entends ma voix; — Yseult t'appelle! —
Dans tes bras elle veut mourir! —
M'as-tu trahi, cœur infidèle? —
Ah! pour une heure ouvre les yeux!

Le cœur brisé par d'affreuses alarmes,
J'ai tant souffert et versé tant de larmes;
Ingrat, vas-tu tromper mes vœux?
Accorde-moi cet instant plein de charmes,
Cette heure d'amour radieux! —

Ta plaie? — Oh! viens que je la ferme! —
Dans son sein maternel, que la nuit nous enferme,
Mais, ta blessure, non! De grâce, n'en meurs pas;
Que l'amour nous unisse, en un même trépas! —
La flamme de la vie en ses yeux s'est éteinte.
Pleurs inutiles, vaine plainte!
Je me lamente et je ne peux
Me donner à celui que j'aime,
Dans un baiser suprême.

Je viens trop tard. Cœur orgueilleux,
N'as-tu donc pas voulu que celle qui te pleure
Fût consolée en mourant dans tes bras,
Et ne pouvais-tu pas m'attendre encore une heure,
Pour me laisser partager ton trépas? —
Tristan, de grâce, attends!...je meurs...j'expire!

Elle tombe évanouie sur le corps de Tristan.

SCÈNE TROISIÈME.

YSEULT, KOURWENAL, LE BERGER, LE PILOTE, BRANGAINE, MÉLOT, MARKE et sa Suite.

Kourwenal a suivi de près Yseult. Muet et dans une affreuse anxiété il a écouté la scène précédente, le regard fixé sur son maître. Soudain, du fond du théâtre, s'élève une sourde rumeur, mêlée d'un bruit d'armes. Le berger s'élance par-dessus le parapet.

LE BERGER.

Kourwenal, vois, un deuxième navire!

KOURWENAL,

tressaille et regarde par-dessus le parapet tandis que le berger tout ému contemple de loin Tristan et Yseult.

Mort de ma vie!

Au berger d'une voix furieuse.

Arme ton bras! —
Marke! — Mélot! — Ils amènent main forte! —
Des pierres! — des armes! — ferme la porte!

Kourwenal et le berger courent vers la porte qu'ils se hâtent de mettre en défense.

LE PILOTE,
entrant avec précipitation.

Marke arrive ; il est sur mes pas,
Suivi d'une nombreuse escorte.

KOURWENAL.

Viens ! aide-moi ! — Tant qu'un de nous vivra,
Pas un homme ici n'entrera !

BRANGAINE,
au dehors et d'en bas.

Yseult ! Ma reine !

KOURWENAL.

C'est la voix de Brangaine.

Il se penche vers le fond.

Que veux-tu, misérable ?

BRANGAINE.

Ouvre-moi, Kourwenal,
Je cherche Yseult.

KOURWENAL.

Cœur déloyal !
Ame perfide !

MÉLOT,
du dehors.

A bas la porte!.. Obéissance!

KOURWENAL,
avec un éclat de rire sauvage.

Ah! je bénis le jour qui t'offre à ma vengeance!

Mélot paraît sur le seuil de la porte suivi d'une escorte armée.
Kourwenal fond sur lui et le couche par terre.

Meurs, lâche scélérat!..

MÉLOT.

Ah! je meurs!... Misérable!..

BRANGAINE.

Kourwenal! — Oh! la méprise effroyable!

KOURWENAL,
à Brangaine.

Femme sans cœur!

A ses hommes.

Nous, ferme! et marchons au combat!

Ils se battent.

MARKE,
du dehors.

Fou stupide, perds-tu la tête!

KOURWENAL,
à Marke.

Ici règne la mort!

Tu viens, ô roi ! prendre part à la fête ;
Que s'accomplisse ton sort !

Il fond sur Marke et sur sa suite.

MARKE.

Arrière, race impudente !

BRANGAINE,
qui a franchi le parapet par un des côtés du théâtre s'élance vers Yseult.

Maîtresse ! — reine ! — écoute-moi ! —
Que vois-je, hélas ! — Chère âme, es-tu vivante ?

Elle s'efforce de rappeler Yseult à la vie.

MARKE,
qui a repoussé Kourwenal, entre avec sa suite.

Jour d'horreur et d'effroi !
Où donc es-tu, Tristan, héros que j'aime ?

KOURWENAL,
blessé à mort et reculant devant Marke.

Ici, sur le sol, où je gis moi-même.

Il tombe aux pieds de Tristan.

MARKE.

O Tristan ! — Mon Tristan ! — Malheur !

KOURWENAL,
cherchant à saisir la main de Tristan.

Parle ! — parle ! — Veux-tu permettre
Que ton fidèle... accompagne... son maître ?..

Il meurt.

MARKE.

O misère! — O douleur!

A Tristan.

O cœur superbe! O noble cœur!
Pourquoi faut-il que cette mort cruelle
Trompe l'espoir si doux qui m'a conduit ici?
Réveille-toi, de grâce, et rouvre ta prunelle,
Infidèle et fidèle ami!

BRANGAINE,
entourant de ses bras Yseult qu'elle a ranimée.

Elle vit, elle vit! — Yseult respire! —
Ma fille, écoute-moi :
Le philtre... et ton délire...
J'ai tout appris au roi.
Tout aussitôt il a suivi ta trace,
Pressé de faire grâce,
De t'unir à l'époux que ton cœur a choisi.

MARKE.

Yseult, pourquoi m'avoir caché ceci?
Sitôt que j'eus compris ce mystère funeste,
Mon cœur s'est apaisé, trop heureux, je l'atteste,
De rendre hommage aux vertus d'un ami. —
Je te suivis à pleines voiles,
Mais qui peut triompher du pouvoir des étoiles?
Je n'ai fait que grossir la moisson de la mort,
Aveugle complice du sort!

BRANGAINE.

Un mot, Yseult... un seul... tout bas! —
Es-tu muette, ou ne m'entends-tu pas?

Yseult restée sans mouvement pendant la scène précédente, ouvre les yeux et les tourne vers Tristan, qu'elle contemple avec un enthousiasme extatique, qui grandit jusqu'à la fin.

YSEULT.

Quelle paix auguste et sainte
Sur sa face s'est empreinte
    Quel sourire fier et doux ! —
Comme il brille, comme il rayonne !
D'astres d'or son front se couronne ! —
    Le voyez-vous ? —
Dans l'espace il monte et plane
Comme un esprit subtil et diaphane ! —
Un torrent de lumière, un éclat radieux
    De tout son être émane
Et fait pâlir le soleil dans les cieux. —

    Vers les sphères infinies,
    De célestes harmonies
Montent, dans l'air limpide et pur,
Et nous emportent, vers l'azur,
    Sur les ailes de l'aurore,
    Dans un tourbillon sonore. —

    Chants délicieux,
    Sons mélodieux !
Êtes-vous le souffle des brises
Ou des flots de vapeur exquises ? —

Dans vos ondes parfumées,
Dans vos vagues embaumées,
Je m'élance, dans ma joie ;
Je me plonge, je me noie ; —
    Dans le gouffre
    De l'éther infini béni,
Dans ton âme sublime

ACTE TROISIÈME

> Immense immensité,
> Je me plonge et m'abîme
> Sans conscience, — ô volupté !

Yseult comme transfigurée et doucement soutenue par Brangaine, glisse sur le corps de Tristan. Émotion profonde des assistants. — Marke étend la main comme pour bénir les cadavres. — *La toile tombe.*

Imprimerie de Breitkopf & Härtel à Leipzig.

www.ingramcontent.com/pod-product-compliance
Lightning Source LLC
LaVergne TN
LVHW050611090426
835512LV00008B/1437